STOIRE DES GALERIES

DU

LAIS-ROYAL

PAR **LEFEUVE.**

4e ÉDITION. — PRIX : 50 CENT.

PARIS

LIBRAIRIE DE P. MARTINON

Rue de Grenelle-Saint-Honoré, 14

1863

LES GALERIES DU PALAIS-ROYAL.

Précis historique des transformations du Jardin, des Galeries, des Spectacles, des Cafés, des Restaurants et des Maisons de jeu du Palais-Royal.

L'hôtel de Rambouillet, qui avait appartenu au connétable d'Armagnac, et l'hôtel de Mercœur furent démolis pour faire place au palais élevé par le cardinal de Richelieu, qui supprima également les murailles et les fossés de l'enceinte de Charles V traversant diagonalement l'emplacement du jardin du palais. Cet emplacement relevait de trois censives différentes : le fief Popin, pour la plus grande partie ; le fief du chapitre Saint-Honoré, dit les Treize-Arpents, pour la plus petite, et la censive de l'archevêché pour le reste. Une borne fut plantée, un an avant la mort du cardinal, et en présence de son fondé de pouvoirs, pour marquer le point de contact des censives de Saint-Honoré et de l'archevêché, et là se trouve braqué de nos jours le petit canon sur les bordées duquel se règlent les horloges du Palais-Royal. Toutefois le terrain garda d'abord des inégalités, dans ce jardin où il y avait un mail, et un manége, et deux bassins. Le testament du cardinal fit hommage au roi du palais, qu'Anne d'Autriche habita, puis la reine d'Angleterre, veuve de Charles Ier, et dont Louis XIV constitua la propriété en apanage à son frère, le duc d'Orléans. Le

2°

régent fit ensuite du jardin du Palais-Royal la promenade de l bonne compagnie. Le fils du régent ordonna de le retracer en tièrement, et alors des statues, des charmilles taillées en porti ques, quatre allées d'ormes, des quinconces de tilleuls furent dis posés autour des deux bassins et à l'ombre de quelques-uns de grands marronniers dont Richelieu avait planté l'allée.

La promenade n'était pas absolument publique, et pourtant l jardin des Princes, dont le Théâtre-Français occupe en partie l place, était le seul dont la maison princière réservât la jouissanc à ses familiers. Les habitants de toutes les maisons qui formaien le pourtour du grand jardin, rue Richelieu, rue Neuve-des-Petits Champs, rue Neuve-des-Bons-Enfants et rue des Bons-Enfants avaient le droit de s'y promener jusqu'à une heure du matin; mais les femmes en manteau de lit ou autre déshabillé, les homme en veste, robe de chambre ou bonnet, n'avaient la permission de s'y montrer que dans la matinée, et encore sans s'y arrêter. Les domestiques ne pouvaient traverser le jardin que jusqu'à une certaine heure, et s'y promener que le jour de la fête du roi, ainsi que le jour de la fête du prince. Le dimanche, l'affluence était considérable dans les allées de ce quadrilatère deux fois plus étendu que de nos jours, et disposé plus agréablement. Les belles soirées y attiraient surtout une foule élégante, à la sortie de l'Opéra, qui était situé près la cour des Fontaines et fermait à dix heures. Les portiers des propriétés attenantes tiraient parti de leur clef de communication et ne recevaient pas d'autres gages, en général, que cette rétribution. Celui de la maison qui formait encoignure du côté de l'hôtel de Toulouse, maintenant la Banque, ouvrait aux heures indues, moyennant un écu, dans les premières années du règne Louis XVI, et le portier du petit hôtel Radziwill apostait un commissionnaire, toute la nuit, pour introduire à son profit les couples amis des ténèbres qui se glissaient dans les bosquets. Le lieutenant de police n'avait rien à y voir ; de son autorité ne relevait plus l'ancien inspecteur de police, chevalier de Saint-Louis, nommé Buot, chargé par le duc d'Orléans, avec un petit nombre de gardes sous ses ordres, de réprimer beaucoup trop d'infractions pour qu'il ne fermât pas les yeux sur quelques-unes.

En l'année 1780 la propriété du palais et de ses dépendances fut transmise à titre de donation par le duc d'Orléans à son fils Louis-Philippe-Joseph, duc de Chartres, qui avait formé le projet d'y élever aux dépens du jardin un entourage de portiques surmontés de bâtiments divisés en appartements. Ce qui devait être une source de revenus en même temps qu'un embellissement. Car il ne faut pas oublier que les constructions environnantes n'étaient plus toutes d'un aspect fort décent, nous en pouvons encore juger. Celles-ci perdaient de leur valeur à être séparées du jardin ; c'est pourquoi les propriétaires contestèrent au prince le droit de faire bâtir, mais le parlement de Paris prononça contrairement à leurs prétentions.

Lesdits propriétaires se suivaient dans l'ordre suivant :

De Maussion, financier, demeurant chaussée d'Antin, propriétaire rue Richelieu, près le palais.

Bnne de Nieuwerkerque, demeurant au Louvre.
Président d'Ecquevilly, à Arpajon.
Dalainville, maréchal-des-logis du roi.
Duquesnoy, grand-maître des eaux et forêts.
De Bourboulon, trésorier de la comtesse d'Artois.
Doche, rue de l'Echelle-Saint-Honoré.
Rousseau de Bel-Air, rue Sainte-Avoye.
Président Sarot, rue de l'Université, vis-à-vis la rue de Beaune.
Mis de Péruse-d'Escars, rue des Vieilles-Tuileries.
Desperre, ancien syndic des perruquiers.
De l'Epine, au carrefour des Quatre-Chemins, butte Saint-Roch, et Mlle Dionis, rue de la Sourdière : 2 maisons.
Vigoureux, épicier-cirier, rue Croix-des-Petits-Champs : 2 maisons.
Lecomte, secrétaire du roi.
Leroy, rue Neuve-des-Petits-Pères.
Neveu, architecte, rue du Four-Saint-Germain : 3 maisons.
Jousserand, limonadier : 3 maisons.
Boudet, maître-maçon, rue du Four-Saint-Germain : 2 maisons.
Roger, à Charonne : 2 maisons.
Ve Fortier : 2 maisons.
(*Puis venaient 3 maisons sises au coin de la rue Neuve-des-Petits-Champs, et ne donnant pas vue sur le jardin.*)
Boitel, pâtissier, rue Neuve-des-Petits-Champs : 2 maisons.
De Laroche, notaire : 3 maisons.
Jardin, architecte, rue du Doyenné : 3 maisons.
Lesprit, libraire du duc de Chartres, rue Saint-Thomas-du-Louvre.
Mis de Talaru, rue Neuve-Saint-Marc, et Mme Ve Dubois : 2 maisons.
Collignon, à la grande poste : 2 maisons.
Ve Saliard : 4 maisons.
Teillagorie, maître en fait d'armes : 2 maisons.
Tourlot, ancien receveur des finances : 3 maisons.
Leblanc : 3 maisons.
De Blainville, ancien secrétaire du roi : 3 maisons, au coin de la rue Neuve-des-Bons-Enfants.
Guiraud de Talleyrac, maître-maçon, chaussée d'Antin, propriétaire rue Neuve-des-Bons-Enfants.

Legrand.
Favre.
Bellanger, conseiller au Châtelet.
Caquet, chef du bureau des insinuations, rue Montmartre, près la rue Tiquetonne.
Alove, prêtre.
La pupille de Leteigner, architecte, rue de Grenelle.
Léger, ancien procureur, rue du Chantre.
Dennery.
Mme Duchauffour, à l'hôtel Charost, rue Montmartre.
Gaillard, écuyer du roi, rue Grange-Batelière.
Froment de Charagal, à Versailles.
Moreau, architecte du roi et de la Ville, rue de la Mortellerie.
Deroulet, conseiller au parlement, rue Sainte-Anne.
Mis Cany.
Aury, ancien avocat.
Mme de Grigny, demeurant au palais.
Mme Caquet, chez M. Duchatelet.
Cte de Carvoisin, rue de Bourbon.
Mis de Voyer-d'Argenson, hôtel de la Chancellerie d'Orléans, rue des Bons-Enfants.

Du 17 juin 1781 furent les lettres-patentes autorisant le duc de Chartres à aliéner 2,300 toises du jardin du Palais-Royal, à prendre dans son pourtour. Toutefois, sur les dessins de l'architecte Louis, auteur du théâtre de Bordeaux, étaient commencés les travaux de la construction des galeries, dont Berthault fils avait l'entreprise générale, lorsque la salle de l'Opéra, déjà incendiée dix-huit années avant, brûla de nouveau le 8 juin 1781, après une représentation d'*Orphée*. Pour cette fois le Palais-Royal perdit tout à fait l'Opéra, qui fut rebâti près la porte Saint-Martin. En revanche, le prince jeta un peu plus tard les fondements d'une autre salle de spectacle, sur partie du jardin des Princes et sur partie de l'ancienne grande galerie qui occupait un emplacement destiné par le cardinal de Richelieu à la construction d'un hôtel pour son petit-neveu. Ce théâtre ne fut ouvert que postérieurement encore, sous le nom de *Théâtre de la Nation*. Seulement Gaillard et d'Orfeuille, qui en furent les directeurs en vertu d'un bail fait assez longtemps d'avance, s'établissaient tout près de là, dans une salle provisoire en bois, dès le commencement de 1784, à la tête d'une troupe déjà très-connue dans les foires, celle des *Variétés amusantes*. Divers genres étaient exploités; mais ni la comédie à ariettes ni la tragédie n'étaient jouées à ce théâtre des Variétés, où se créèrent les *Jeannots* et les *Pointus*, types comiques.

D'autres établissements ayant en vue l'amusement public, qui se groupèrent au Palais-Royal, après la construction des galeries, mais avant la Révolution, étaient ceux-ci : — Le *Musée des Enfants*, ouvert en octobre 1785, au-dessus d'un café et près des Variétés. Son directeur, qui avait nom Tessier, était probablement le même qui avait dirigé le théâtre des *Élèves de l'Opéra*, boulevard du Temple, de 1779 à 1784. — Le *Spectacle des Pygmées français*, qui dut faire concurrence au Musée des Enfants, et qui avoisinait le passage des Trois-Pavillons. — Le *Cabinet de Curtius*, peintre et sculpteur, qui ne dédaignait pas de fabriquer des figures de cire qu'on montrait pour 2 sols, proche le café *Corazza*. — Le *Spectacle des Fantoccini*, où l'Italien Castagna donnait deux représentations par jour. Les spectateurs y payaient 1 livre 16 sols dans les loges. — Les *Ombres chinoises*, tenues par Séraphin. Ce spectacle mécanique, auquel on assistait moyennant 12 ou 24 sols, était recommandé à cause de sa moralité aux enfants, aux demoiselles et aux abbés, par le crieur chargé d'annoncer aux passants chaque représentation, devant les nos 119, 120 et 121 actuels. — Le *Concert des Amateurs*, salle construite en 1783 à peu près à l'extrémité de l'aile gauche des galeries. Les séances musicales de cette salle faisaient suite à de brillants concerts qui, pendant douze années, avaient presque rivalisé avec le *Concert spirituel* des Tuileries. — Le *Théâtre Beaujolais*, fondé dans le même temps et au bout de la même galerie. Le duc de Chartres, en confia l'entreprise à Gardeur-Lebrun, après une série de représentations données à un public d'élite, et auxquelles succédaient tout bonnement les exercices des petits comédiens ordinaires du comte de Beaujolais, le plus jeune des fils du prince. Ces petits comédiens étaient de grandes marionnettes, auxquelles se substituèrent des acteurs vivants, qui chantaient; malheureusement l'Opéra s'en émut, le théâtre Beaujolais fut rappelé à l'ordre et ne mit plus en scène que des enfants, marionnettes sans ficelles, pour lesquelles on recommença à parler et à chanter dans la coulisse. — Enfin le *Cirque*, construction à demi souterraine dominée par une terrasse et présentant à l'intérieur une arène destinée à des exercices équestres, mais où l'on joua la comédie, où l'on donna des bals et de grands repas : ledit Cirque était pris à bail par Rose de Saint-Pierre, restaurateur. Pourtant le prince originairement le destinait à des fêtes et à des exercices particuliers à sa maison, comme l'annonçait une lettre élogieuse de Dulaure, publiée en 1787.

Un ou deux établissements de bains avaient été créés également par le prince : on y prenait des bains dépilatoires et des douches. Il y avait jusqu'à une hôtellerie dite l'*Hôtel des bains de Son Altesse Sérénissime*, faisant à peu près face au café Corazza. Sur plusieurs points des *clubs* s'étaient formés ; on appelait ainsi tous les cercles à cette époque, mais surtout un, dans le Palais-Royal, qui ne portait pas d'autre nom, et dans lequel on ne jouait pas. Le *Salon des Arts* s'était ouvert en novembre 1784 au-dessus du café du *Caveau*, et une *Assemblée militaire*, composée d'officiers supérieurs, près du Salon des Arts. La *Société olympique*, dont tous les membres devaient être affiliés à quelque loge maçonnique, se trouvait encore plus voisine de la *Société des Colons*, exclusivement composée d'Américains possesseurs de biens aux Antilles, et il y avait en outre à l'étage supérieur une loge maçonnique : le tout entre l'hôtel des Bains et les galeries de bois. Le *Salon des Échecs*, installé au-dessus du café de *Foy*, était l'académie des joueurs d'échecs; tout autre jeu était prohibé dans ce cercle; un membre nouveau n'y pouvait être admis qu'à l'unanimité des voix.

Le café de Foy avait été fondé par un ancien officier de ce nom en 1749, dans une maison de la rue Richelieu répondant de nos jours au n° 46, et dont l'escalier donnant sur le jardin d'alors existe encore à l'état de passage entre cette rue et la rue Beaujolais. Jousserand fut successeur de Foy ; sa femme obtint du duc d'Orléans, vers 1774, l'autorisation de vendre des glaces dans le jardin, sans y dresser de tables ; la limonade et les glaces du café étaient servies sur des plateaux, qu'on plaçait seulement sur des chaises. A la formation des galeries, Jousserand se rendit locataire des arcades situées en regard de son ancien café, qui n'eut qu'à traverser la nouvelle rue, et à cette location vint s'ajouter celle de quatre pavillons dans le jardin. A l'étage supérieur se donnaient des concerts qui ne commençaient pas avant minuit, crainte de déranger les parties engagées au salon des Échecs. Aussi bien le Palais-Royal n'était-il pas le lieu du monde où l'on faisait alors le plus de musique? Autant de cercles, autant de salles de concerts. Le baron de Pudinée, résidant à l'entrée de la galerie Montpensier, recevait les chanteurs et chanteuses en vogue qu'il accompagnait au clavecin. Parfois un duo conjugal enchantait cette galerie, où Chéron, basse-taille, et Mlle Chéron habitaient celle des arcades du Palais qui répondait au n° 29. Or, Chéron ne quitta le théâtre qu'en 1808; mais sa femme, née Dozon, qui avait débuté à l'Opéra dans l'emploi de Mlle Saint-Huberti, malgré ce chef d'emploi, émigra au bras de son amant, un gentilhomme. Les gluckistes et les piccinistes se donnaient rendez-vous au café du Caveau, et le soir, après le spectacle, quand on avait mis les volets derrière lesquels ces habitués s'échauffaient dans la querelle d'école contre école, il ne fallait rien moins, pour les mettre un instant d'accord, qu'une romance que leur chantait Garat. Rameau, Boucher, Piron, Collé, Duclos, Fuzelier et Crébillon fils avaient été au nombre des fondateurs de la *Société du Caveau,* qui se réunissait chez Dubuisson, et l'établissement de ce dernier n'avait lui-même qu'à peine changé de place en s'avançant sous les arcades. A Dubuisson succéda Cuisinier, dont la femme, veuve en premières noces d'un médecin, ouvrit fructueusement au café du Caveau une souscription pour les pauvres, à l'occasion des rigueurs excessives de l'hiver de 1788.

Comme remontant à cette époque citons encore les restaurants *Véry* et des *Frères Provençaux*, le café de Chartres, le café de Valois et l'établissemeut que Beauvilliers, ancien chef de cuisine du prince de Condé, ouvrit primitivement vers le milieu de la galerie de Valois. L'origine du magasin de comestibles de Corcellet, autre célébrité gastronomique, n'est qu'à peine postérieure à la construction des arcades, et il en est de même pour celui de Chevet, qui s'établit dans les galeries de bois. Ces galeries au nombre de deux avaient été élevées à peu de frais, en attendant la construction projetée d'une quatrième galerie, et on les avait garnies d'échoppes en planches, sous-louées principalement à des libraires et à des marchandes de modes par Romain et Cie qui en étaient fermiers.

Une sorte d'almanach du temps énumérait ainsi les arcades où des établissements étaient à signaler :

N° 2 : Feutre appelé *bis-bis*, qui conserve les lèvres et empêche les gerçures et le gonflement. Prix : 3 liv. Par le sieur Arnoux.
N° 8 : Curtius.
N° 9 : Magasin d'effets précieux à prix fixe, par Verrier et Cie.
N° 13 : Papier fait avec des plantes, écorces et végétaux, inventé par le sieur Levrier-Delisle. Volume in-12 imprimé sur ce papier; prix : 7 liv. 4 sols, chez le sieur Hardouin, libraire.
N° 15 : Hôtel de Penthièvre, garni.

N° 21 : Magasin de tableaux du sieur Hamond.
N° 29 : *L'Amour conduit par la Folie*, gravé par M. Bonnier, peintre du roi.
N° 36 : Hôtel de Vauban, meublé.
N° 40 : Hôtel de Valois.
N° 42 : Magasin de dessins et d'estampes de Lenoir.
N° 44 : Cabinet d'histoire naturelle de M. Adanson, de l'Académie des sciences.
N° 50 : Magasin de la Manufacture des crystaux de Saint-Cloud, protégée par la reine.
N° 65 : La Société olympique.
Nos 72, 75 : Salles de vente.
N° 78 : Les petits comédiens de M. le duc de Beaujolois.
N° 87 : Magasin de bijoux et diamants à prix fixe.
N° 90 : Le café du Caveau.
N° 92 : Bureau de la souscription des costumes de théâtre.
N° 93 : Cabinet de physique du sieur Nozeda.
N° 98 : Bureaux de MM. Sarlat et Cie.
N° 99 : Entrepôt de toutes sortes de vins.
N° 100 : Hôtel de Montpensier, meublé.
N° 116 : Hôtel d'Orléans.
N° 123 : Hôtel du Parc-Sainte-James.
N° 127 : Les Ombres chinoises, spectacle du sieur Séraphin.
N° 133 : Hôtel de Beaujolois, garni.
N° 137 : Hôtel de la Reine.
N° 143 : Magasin de confiance, à prix fixe.
N° 167 : Bains publics d'eau des fontaines épuratoires.
N° 171 : Société des colons.

Aussi bien l'exercice de toutes les professions n'était pas toléré sous l'ancien régime au Palais-Royal, et les vidangeurs, par exemple, n'en étaient pas moins exclus que les femmes galantes par état, dite alors *filles du monde*. Un marchand et un artisan dépourvus de maîtrise s'y fussent mis à l'abri de poursuites, qu'aurait rendues impossibles leur séjour dans l'enclos de la résidence d'un prince du sang ; le règlement empêchait donc de les admettre à titre de locataires dans le pourtour privilégié. Ce règlement, arrêté par le prince le 15 septembre 1782, confiait la police générale du palais et de ses dépendances à Gardeur-Lebrun le jeune, en portant au nombre de huit les gardes placés sous les ordres du nouvel inspecteur. Que si cette police particulière n'avait pas été bientôt rattachée à la police générale par les rapports hebdomadaires de Ronesse, le successeur ou le collègue de Gardeur-Lebrun, son action n'eût pas été grande. Mais nous trouvons la preuve d'un rapprochement amiable à cet égard dans une lettre écrite le 20 avril 1784 par le lieutenant de police à l'abbé Beaudeau, et que voici :

Je ne puis que vous remercier, Monsieur, de la nouvelle assurance que vous voulez bien me donner des intentions de Monseigneur le Duc de Chartres. L'ordre du Prince pour maintenir dans les maisons de son palais le même ordre qui s'observe dans presque tout le surplus de la ville retiendra quelques locataires qui voulaient abuser de la faculté du privilége. J'accepte bien volontiers le parti que vous me proposez d'entendre toutes les semaines M. Ronesse. J'en suis convenu avec lui, et vous me trouverez continuellement disposé à concilier tous les égards respectueux dus à Son Altesse Sérénissime avec l'exercice d'une police qui, pour être bien faite, doit suivre les règles de l'unité.

J'ai l'honneur d'être, avec autant d'estime que d'attachement, Monsieur, votre très-humble et très-obéissant serviteur,

LENOIR.

La surveillance de l'inspecteur était facilitée le soir, dans les galeries, par le plus brillant éclairage dont on se fît l'idée en ce temps-là. Hondouin avait soumissionné l'illumination à raison de 50 livres par an pour l'entretien de chaque réverbère allumé six heures par jour, et il y avait autant de réverbères que d'arcades, c'est-à-dire 180.

Si le Palais-Royal était dès lors le réfectoire des gourmets, et un bazar, une foire perpétuelle, une ruche de bureaux d'esprit, réunis au centre de Paris, il ne s'en montra pas aussi promptement le lupanar et le brelan. Les filles du monde y fréquentaient déjà les promenades des galeries de bois et le jardin ; mais leurs repaires ne formaient pas encore le couronnement des pilastres corinthiens séparant les arcades. Plusieurs permissions de jeu accordées antérieurement par M. de Sartines à des femmes qui restaient soumises au contrôle de la police, avaient bien été renouvelées ; mais on maintenait leurs tripots autant que possible dans l'ancien pourtour du jardin. On jouait chez le comte de Thiard, écuyer du duc d'Orléans, et dans une autre partie du palais même ; mais les ambassades étrangères, usant du même privilége que les maisons princières, donnaient pareillement à jouer sans permission.

Le Palais-Royal fut aussi le premier point de repère des agitations révolutionnaires. Camille Desmoulins y mérita par ses discours, le surnom de premier apôtre de la liberté, et la prise de la Bastille fut décidée d'abord au café de Foy. Plusieurs clubs avaient pris naissance, outre ceux que nous avons cités ; toutes ces sociétés venaient d'être dissoutes par ordonnance, en 1789. N'en était-ce pas assez pour jeter les industriels des galeries, en général, dans le parti du mouvement quand même? Le prince, que la mort de son père avait fait duc d'Orléans, n'était aucunement dans les rangs du parti de la résistance ; il allait se faire appeler Égalité, ainsi que son palais, en 1792.

Au Cirque eurent lieu les premières réunions des *Amis de la Constitution*, et la fondation par Bonneville du *Club social*, dont l'orateur principal fut Fauchet. Par malheur les conquêtes de la liberté n'arrêtaient pas celles de la licence, qui installait partout des filles de joie, voire même au Cirque, avec un jeu de passe-dix. Artaud, censeur royal, écrivait contre le pouvoir des libelles sans signature, qu'il dénonçait lui-même une fois lancés : il réunissait pour dîner des beaux-esprits, Chamfort, l'abbé Delille, Rivarol, dans un ancien salon du cercle des Échecs, ou au-dessus, puis il donnait à jouer à de plus riches invités, attirés dans ses réunions.

Au Perron et aux alentours on se contentait d'agioter en plein jour. Il paraît que les coulissiers de cette époque n'avaient pas l'élégance de ceux qui, de nos jours, s'habillent chez Dusautoy et passent leur chevelure à l'eau de la Floride. Mercier, dans son *Nouveau Paris*, parlait des agioteurs du Palais-Royal en ces termes : « Leur costume est assez uniforme : c'est un bonnet à « poil à queue de renard..... Ils sont en veste, ont des bottes « sales, des cheveux gras..... Ils se tiennent près des tavernes, « leurs repaires, à la porte des théâtres. »

Le directeur du théâtre Beaujolais, ayant fait de mauvaises affaires, passa avec sa troupe au boulevard du Temple, dans l'ancienne salle de Tessier, qu'il appela le *Théâtre des Variétés amusantes*, et il n'y réussit pas mieux. Mlle Marguerite Briant de Montansier, directrice des spectacles de Versailles, de Saint-Cloud et de Fontainebleau, fit agrandir la salle Beaujolais, et l'ouverture du *Théâtre de la Montansier* y eut lieu le 12 avril 1790. On y donna des opéras-comiques, des comédies, des tragédies, et parmi les acteurs qui débutèrent sur cette scène, avant que le théâtre s'appelât *Théâtre du Péristyle du Jardin-Égalité,* furent: Baptiste Cadet, que signala surtout la création du *Désespoir de Jocrisse,* Damas, Mlle Sainval et jusqu'à Mlle Mars. La directrice de ce spectacle avait épousé l'acteur Bourdon-Neuville ; elle habitait le second étage au-dessus du café de Chartres, et cet appartement qu'elle conserva jusqu'à la fin de sa longue vie, agitée constamment par les intrigues, les dettes, les procès, les persécutions, communiquait par un couloir avec son théâtre. Le foyer de ce théâtre fut pendant dix ans un des refuges de la gaieté française et de l'esprit de conversation ; mais le salon particulier de Mlle Montansier acquit de son côté, dès les premières années de la Révolution, une importance historique. M. Girault de Saint-Fargeau en parle comme du véritable *pandémonium* de l'époque. « On y a vu rassemblés, dit-il, dans une même soirée Dugazon et « Barras, le père Duchêne et le duc de Lauzun, Robespierre et « Mlle Maillard, Saint-Georges et Danton, Martainville et le mar- « quis de Chauvelin, Lays et Marat, Volange et le duc d'Orléans. « Toutes les combinaisons de l'intrigue ont trouvé place dans ce « salon, depuis les intrigues amoureuses jusqu'aux intrigues po-

« litiques; on y donnait la même importance à une nuit de plai-
« sirs qu'à une journée de parti; on s'y occupait aussi sérieuse-
« ment des succès de la petite Mars que des événements du
« 31 mai; la belle Mlle Lillier faisait autant d'impression que les
« discours de Vergniaud. Au bout du même canapé de damas
« bleu de ciel, usé, fané et déchiré, sur lequel la Montansier ar-
« rangeait son spectacle de la semaine avec Verteuil, son régis-
« seur, le comédien Grammont organisait, à l'autre bout, avec Hé-
« bert l'émeute du lendemain aux Cordeliers. Dans un coin du
« salon, Desforges perdait contre Saint-Georges, à l'impériale,
« l'argent qu'il empruntait à la Montansier sur ses droits d'auteur
« de la pièce en répétition. Une bruyante table de *quinze* ras-
« semblait joyeusement après le spectacle les actrices du théâtre,
« qui délassaient par leurs saillies de coulisses tous les cory-
« phées de la Convention. »

Mlle Montansier et son mari avaient acheté la salle de spectacle et la maison où ils demeuraient, le 1er octobre 1790. La presque totalité des trois galeries avait été aliénée dès la même année. La plupart des industriels y occupant de grands locaux avaient été poussés à se rendre acquéreurs par la crainte que leurs arcades ne tombassent entre les mains d'un acquéreur peu disposé à consentir un bail aux mêmes conditions qu'avant. Les premiers locataires n'avaient eu à payer par an et par arcade, y compris les étages supérieurs, que 1,200 livres. Nous allons donner un tableau des propriétaires des arcades, en 1791, et rappeler le prix d'acquisition, en suivant le même ordre que les numéros d'à présent:

M. d'Orléans, 2 arcades, louées à Desenne.

Poixmenu, 4 arcades : 181,499 liv. 10 sols

Corazza, 4 arcades : 186,000 liv,

Gattey, 3 arcades : 112,500 liv,

M. d'Orléans, 5 arcades, avec bail à vie consenti à Beudet, transporté à Boileau.

M. d'Orléans, 3 arcades, louées à Lefèvre des Nouettes.

Lefèvre des Nouettes, 3 arcades : 110,000 liv.

De Baran, 4 arcades : 130,000 liv.

Mme de Ferraris, 3 arcades : 163,500 liv.

Orsel, 5 arcades : 234,320 liv

M. d'Orléans, 3 arcades, louées à Rivette.

Thiveau, 4 arcades : 200,000 liv.

Ducrest, 7 arcades : 437,500 liv.

Berthellemot, 3 arcades : 127.000 liv.

Jousserand, 7 arcades : 253,760 liv.

Prévost, 5 arcades : 140,000 liv.

Bourdon-Neuville et Mlle Montansier, mis en lieu et place de Gardeur, dépossédé, 11 arcades : 570,000 liv.

Fontaine, 4 arcades : 262,500 liv.

Véry frères, 3 arcades : 196,275 liv.

Cuisinier, 6 arcades : 612,500 liv.

Broudes, 3 arcades : 204,492 liv.

Huré, 3 arcades : 222,500 liv.

Tissot, 4 arcades : 262,500 liv.

Gomand, 7 arcades : 262,500 liv.

Lecomte, 4 arcades.

Février, 5 arcades : 262,500 liv

Gaudron, cessionnaire de Fauvin, 3 arcades : 187,500 liv.

Payen, 3 arcades : 167,500 liv.

Lainé, 3 arcades : 123,046 liv., 17 sols, 6 deniers.

Pelletier, cessionnaire de Descarrières, 3 arcades : 187,500 liv.

De Courville, 3 arcades.

Lettu, 6 arcades : 375,000 liv.

Beauvilliers, 3 arcades : 157,500 liv.

Guénin, 3 arcades : 167,500 livres.

De Pestre, cessionnaire de Resewski, 9 arcades : 400,000 liv.

Saiffer, ou Scheffer, ou Chauffert, 3 arcades : 147,440 liv.

Mouthié ou Monthiers, 4 arcades : 150,000 liv.

Leduc, 8 arcades, 335,000 liv.

Denaix, 4 arcades : 250.000 liv.

Rémy, 4 arcades : 248,000 liv.

Les deux tiers des nouveaux acquéreurs se trouvaient encore redevables, en 1791, d'une portion du prix d'acquisition, et quelques-uns de ces débiteurs étaient même en arrière pour le service des intérêts. A la charge des propriétaires incombait leur quote-part dans les frais d'illumination et environ 12 francs par arcade de redevance annuelle pour le cens.

Le pape, dans la même année, n'était-il pas brûlé en effigie dans le jardin, comme Lafayette l'année suivante? Les frères Grammont, tous deux acteurs au théâtre de la Montansier, n'en furent pas quittes pour si peu. Le conventionnel Le Pelletier de Saint-Fargeau, immédiatement après avoir voté la mort du roi, fut tué par Pâris, ci-devant garde du corps, dans l'établissement de Février, fameux restaurateur, au milieu de la galerie de Valois.

Mlle Montansier elle-même, qui avait gouverné peu de temps le théâtre Louvois, et à laquelle en voulaient mortellement les acteurs des théâtres auxquels le sien faisait du tort, resta sous les verroux pendant dix mois à la petite Force et dans l'ancien collége du Plessis. Sa salle du Palais-Royal, qui était alors le *Théâtre de la Montagne*, devint peu de temps après le *Spectacle des Variétés*, dont la troupe passa en 1806 boulevard Montmartre avec Brunet et Tiercelin Quant au théâtre dirigé par d'Orfeuille et Gaillard, il s'était transformé en 1791, avec le concours de Talma, de Monvel et de Dugazon en *Théâtre français de la rue Richelieu*. Avec beaucoup moins de succès on joua la comédie, sous la Constituante, puis sous la Convention, dans la salle du Cirque, qui devint la proie des flammes pendant la nuit du 25 frimaire an VII. Une ménagerie s'y trouvait établie, un orang-outang fut brûlé. Au moyen d'une contribution fut défrayé le rétablissement du jardin sur les débris incendiés. Le canon égulateur du Palais-Royal se tirait, sous la République, du haut de la maison du limonadier Cuisinier, auquel Cambacérès fit obtenir, pendant le Consulat, la permission d'établir une rotonde à la place des tentes sous lesquelles on mettait des tables. Le café du Caveau, fréquenté par David le peintre, par Lalande et d'autres savants, qui souvent venaient s'y asseoir au coup de sept heures du matin, fut dit café de la Rotonde. Mais le sous-sol, avec entrée rue Beaujolais, conserva un établissement, appelé le *Caveau du Sauvage*, qui ne recevait pas aussi bonne compagnie. Or, dans un caveau du même genre, un sauvage de contrebande s'était accouplé publiquement avec une femme de son espèce, spectacle coûtant 24 sols, et des représentants du du peuple s'étaient retrouvés en prison avec le principal auteur de ces actes cyniques, qui auraient paru monstreux à l'époque de la Régence, mais qui causaient un peu moins d'étonnement au temps où la *Justine* du marquis de Sade était vendue ouvertement dans les galeries de bois. Le *Café des Aveugles* occupait et occupe encore un autre sous-sol ; les filles du Palais-Royal s'y relayaient toute la soirée, poussant à la consommation, et une douzaine de quinze-vingts, montés sur une estrade, faisaient de la musique, avec une femme qui jouait du cor. Martainville, que ses opinions anti-républicaines n'empêchaient pas de se montrer partout, rencontra une fois, au caveau des Aveugles, des révolutionnaires, des sans-culottes, qui lui offrirent un bol de punch, et qui lui demandèrent après une chanson. Pour ne pas être en reste de politesse, Martainville leur improvisa le petit couplet qui va suivre.

Embrassons-nous, chers Jacobins ;
Longtemps je vous crus des mutins
Et de faux patriotes.
Oublions tout, et désormais
Donnons-nous le baiser de paix :
J'ôterai mes culottes.

Beauvilliers, s'étant vu en butte à des persécutions sous l Terreur, avait cessé d'être restaurateur. Mais l'inaction lui fut charge, et il se rétablit, dans une des premières années de l'Empire rue Montpensier, à l'endroit où se voit le passage Potier. En c temps-là on ne surprenait plus Bonaparte et Barras, dînant ensemble aux Frères Provençaux ; mais on voyait entrer au café d Chartres Berchoux, Grimod de la Reynière et Murat ; au caf Valois le comte de Lauraguais, le marquis de Chauvron, les notabilités du parti royaliste, et chez Lemblin, au *Café Italien*, Boïeldieu, Brillat-Savarin, Cambronne, de Jouy. Le *Café Corazza*, fréquenté par des Italiens, avait aussi pour habitués Redouté e Talma ; ce dernier s'asseyait souvent devant une table, qu'avai affectionnée Napoléon, son protecteur, et qu'on montre encore près du poêle : Douix, élève de Beauvilliers et ancien maître d'hôtel de Charles X, qu'il a suivi à Holy-Rood, a fait un restauran du café Corazza. Barré, directeur du Vaudeville, l'architecte Célerier, Carle et Horace Vernet se réunissaient tous les jours, avec un petit cercle d'amis, au *Café de Foy*, et vers 1806 Horace Vernet, après la fermeture des portes, prit la palette d'un peintre en bâtiment, qui donnait une couche aux boiseries, et, grimpé sur le poêle il peignit au plafond une hirondelle, qu'on y a conservée. Le poëte Lebrun, surnommé le pindarique, mourut l'année suivante, au second étage de la maison dudit café de Foy. Mme Romain, la belle limonadière, attirait alors beaucoup de monde au *Café des Mille Colonnes*; elle a fini par se faire religieuse. Le *Café du Mont-Saint-Bernard*, que décoraient des grottes artificielles, dominait le magasin du confiseur Berthellemot, qui avait des poëtes à ses gages. Fitz-James, en se donnant le titre de premier ventriloque de France, exerçait son talent dans un café, et son rival Borel dans un caveau. Que d'étrangers, au gousset bien garni, venaient passer une semaine à Paris, sans sortir du Palais-Royal! Tout pourtant n'y était pas luxe, tant s'en faut! On dînait déjà pour 2 francs au restaurant Billiotte. En revanche, un napoléon n'était pas trop pour se réconforter honnêtement chez Naudet et chez Robert, ci-devant cuisinier du fermier-général Chalandray.

Quant aux maisons de jeu, telle que le Directoire en avait autorisé l'organisation, elles étaient au nombre de quatre, dont trois dans la galerie du *Lycée* ou des *Bons-Enfants*, dénominations passagères de la galerie de Valois à l'époque où la galerie Montpensier s'appelait de *Quiberon* et celle Beaujolais galerie d'*Arcole*. On jouait le biribi, le passe-dix et le trente-et-quarante dans les salons qui n'étaient séparés des galeries de bois que par une dizaine d'arcades, côté de la rue de Valois. Un des onze bureaux de prêt sur gages desservant le Palais-Royal se trouvait au-dessus de cette maison de jeu, qui subsista moins longtemps que les autres. On faisait en 1807 les grandes parties de trente-et-un au n° 154 actuel, où de vieilles marquises ne craignaient pas de se produire, et où se tenaient aussi des bureaux de prêt. Il n'y avait plus tard que des tables de roulette et de trente-et-quarante à l'or, c'est-à-dire à vingt francs pour *minimum* de mise, dans cet établissement, qui s'étendait au-dessus de cinq arcades, et dans lequel tout le monde n'entrait pas : il fallait être connu ou présenté, ou muni d'un laissez-passer demandé à l'avance, et de bonne compagnie, pour y avoir accès. Les boiseries sculptées et dorées d'un des salons du 154 furent transportées, après la suppression de la ferme générale des jeux, dans un des salons qui dépendent du café de Foy, au premier, et elles y servent encore d'ornement. Le 113, au contraire fut toujours assez populaire : il n'a exclu que la veste, la blouse et la casquette. Huit pièces recevaient les pontes, autour d'une table de passe-dix et de six tables de roulette, où la banque ne dédaignait pas de tenir trente sous, et où se faisait la partie depuis dix heures du matin jusqu'à minuit, dans la région supérieure des arcades 110, 111, 112, 113. Les plus hardies filles de joie y circulaient en toilettes de bal, comme dans les galeries de bois ; ces femmes étaient tout le luxe du 113, tant que se prolongea pour la prostitution la période révolutionnaire qui lui avait livré jusqu'au palais, avant l'installation du Tribunat. Si elles tentaient la fortune, c'était avec un avantage encore plus sûr que celui de la banque, pourvu qu'elles réussissent à se rattraper d'une perte en faisant la conquête d'un joueur plus heureux. L'exploitation du vice sur une plus grande échelle avait lieu galerie Montpensier, nos 9, 10, 11 et 12. Deux tapis verts pour le trente-et-quarante, qui ne différait guère du trente-et-un des maisons de jeu, et une table de creps occupaient là trois grandes pièces, près desquelles se trouvaient des salles de trictrac et de billard, ainsi que des buvettes où flambait le punch, pour mettre le vertige à la place de l'hésitation, de l'inquiétude ou du remords des plus timides, et pour désaltérer les plus ardents. On y jouait jusqu'à minuit, et les femmes dont se composait la galerie ne venaient pas uniquement pour le jeu. Puis on dansait à l'étage supérieur jusqu'à six heures du matin, sans que le jeu souffrît d'interruption. Au-dessus du bal, qu'on appelait le *Pince-cul*, la progression continuait encore, et la débauche n'avait plus qu'à descendre.

Avant l'achèvement de la galerie d'Orléans, substituée aux galeries de bois, deux des maisons de jeu du Palais-Royal changèrent de place. Celle qui répondait aux plus hauts numéros, dans la galerie de Valois, fut transférée entre le 127 et le 134 même galerie, où elle renonça au biribi et au passe-dix, pour se vouer au trente-et-quarante et à la roulette. L'établissement de la galerie parallèle passa au nº 36, où il se conforma, comme les établissements voisins, à un règlement plus sévère, qui bannissait les femmes de ses salons, et qui transformait les breuvages excitants, dont on avait trop abusé, en bavaroises et en verres de bière servis gratuitement aux joueurs.

Le dernier directeur des jeux fut Bénazet, ancien avoué de Bordeaux, père du directeur actuel des jeux de Bade ; il succédait à Boursault, à Chalabre, à Bernard, à Perrin, prédécesseur des susnommés. Des maisons exploitées en dehors du Palais-Royal dépendirent aussi de la ferme des jeux; elles étaient soumises intérieurement à d'autres règlements. Les fêtes de Frascati, auxquelles étaient conviés principalement les étrangers, furent officiellement défendues lors de la signature du dernier bail; mais une tolérance officieuse permit de passer outre à l'amendement, et la grande maison du bout de la rue Richelieu continua à déployer un luxe que le Palais-Royal n'avait lui-même jamais connu. On voit encore errer, comme des âmes en peine, des femmes qui n'ont plus du tout l'air d'avoir contribué, sous les plus riches parures, à faire les honneurs de ce dernier *Eldorado* du vice, et qui toutefois ont été sous les armes dans l'escadron volant des femmes de Frascati.

On a reproché à M. de Rambuteau d'avoir donné, pour la dernière fois, la préférence à M. Bénazet sur un autre soumissionnaire, M. Renault, de Lyon, qui offrait à la Ville 1,200,000 fr. de plus par an; mais le cahier des charges autorisait, par l'article 24, M. le préfet de la Seine à choisir l'adjudicataire parmi les concurrents, sans rendre compte des motifs déterminant sa décision. Indépendamment des conditions de solvabilité, d'aptitude administrative et d'expérience que tous les candidats ne pouvaient pas remplir au même degré, une autre considération avait encore son importance. La Chambre des députés, malgré M. Guizot et d'autres honorables partisans du *statu quo*, voulait la suppression de cette exploitation, qui profitait avant tout à la Ville; il fallait jusqu'à l'heure suprême demeurer sur la défensive, il fallait ne quitter la place qu'avec les honneurs de la guerre, autant pour atténuer les récriminations rétrospectives que pour garder un espoir de retour. Et qui donc eût été capable de répondre aux besoins de la situation avec autant de dignité relative et d'observation des convenances que M. Bénazet? Il avait pour premier *refait*, dans cette partie engagée sur le tapis parlementaire, le silence des meilleurs organes de la presse. Est-ce qu'un de ses fils ne collaborait pas activement à la rédaction du *Journal des Débats ?* Un savoir-vivre sans égal mettait le père lui-même fort à sa place parmi les gens d'esprit, et lui conciliait gratuitement plus d'égards que tout autre n'eût réussi à en acheter. On reprochait à la ferme des jeux d'avoir une police spéciale; mais l'article 37 ne réservait qu'au préfet de la Seine le pouvoir d'organiser un service de ce genre en dehors des attributions de la police proprement dite, qui était la première à exercer une surveillance active sur de tels établissements; ledit article n'avait sans doute en vue qu'une police administrative, car il parlait aussi de la *pose*, des *ajoutés* et des *relevés* de banque, sur lesquels l'autorité préfectorale gardait son action. La véritable direction passait bien moins entre les mains de l'administration temporaire des jeux qu'elle ne demeurait dans les attributions de l'édilité parisienne. L'Hôtel de Ville restait le siége de l'autorité spirituelle et temporelle quant à ce privilége. Seulement le fermier des jeux avait bon dos. On l'accusait de ne mettre en usage que des moyens de corruption vis-à-vis des représentants de l'intérêt public et de l'opinion; on lui prêtait une influence démesurément dispendieuse, qui ne s'arrêtait pas au seuil de la Chambre des députés; on en faisait un marquis de Carabas, don toutes les poignées de main cachaient un pot-de-vin. Il n'est donc pas sans intérêt de mettre en regard quelques chiffres rappelant la situation de la ferme-régie des jeux, et de prouver que M. Bénazet n'exerçait pas, aux termes de son bail, une puissance discrétionnaire qui lui permît d'enrayer à prix d'or la circulation de toutes les consciences.

Jetons un coup d'œil, par exemple, sur les clauses en 38 articles arrêtés le 27 avril 1827 par l'administration municipale, en ce qui regarde l'exploitation des jeux pour l'anné 1828 et les suivantes : ces clauses réservent à la Ville les trois quarts des bénéfices bruts, en sus du prix déterminé de la ferme. Avant d'être admis à concourir à l'adjudication de la ferme-régie des jeux, par voie de soumissions cachetées, il faut déposer à l'avance des pièces justificatives pour fixer l'édilité sur les garanties qu'il est de son devoir d'exiger des concurrents, puis déposer, à titre de cautionnement, 500,000 francs à la caisse des Consignations. Au jour fixé pour l'adjudication, les soumissions sont reçues à l'Hôtel de Ville en séance publique, et lues à haute voix par le préfet, qui, dépouillement fait, proclame l'adjudicataire séance tenante.

Les bénéfices bruts, d'après les comptes réglés successivement avec la Ville sont :

1828	1er trimestre.......	2,607,398	24	9,356,694 58
»	2e —	2,472,994	08	
»	3e —	2,129,215	99	
»	4e —	2,147,086	27	

		Report. . . .		9,356,694	58
1829	1er trimestre.	2,248,605	60		
»	2e —	1,921,399	07	8,946,819	50
»	3e —	2,281,364	03		
»	4e —	2,494,950	80		
1830	1er trimestre.	2,379,442	46		
»	2e —	2,147,303	02	8,040,161	08
»	3e —	1,667,139	94		
»	4e —	1,846,275	66		
1831	1er trimestre.	1,737,247	56		
»	2e —	1,647,713	86	7,484,547	33
»	3e —	1,943,068	25		
»	4e —	2,166,517	66		
1832	1er trimestre.	1,703,774	67		
»	2e —	1,499,091	20	6,857,906	60
»	3e —	1,437,345	91		
»	4e —	2,217,694	82		
1833	1er trimestre.	2,170,501	42		
»	2e —	1,605,269	34	7,691,272	19
»	3e —	1,914,948	88		
»	4e —	1,987,052	55		
	Total des produits bruts.			48,387,401	82

Il résulte des conditions du bail que la ville de Paris alloue au fermier, savoir :

1,500,000 fr. par an pour frais d'exploitation, laquelle somme doit être prélevée sur les bénéfices, avec la condition qu'en cas d'insuffisance la différence est supportée par le fermier.

25,000 fr. par an pour les intérêts du cautionnement de 500,000 fr., laquelle somme doit être également prélevée sur les bénéfices; mais en cas de perte, la Ville est tenue de la reconnaître au fermier.

C'est d'après ces bases que les liquidations annuelles ont successivement lieu avec la ville de Paris.

Ces liquidations présentent les résultats suivants :

1828.

			Bénéfices.	Pertes.
Produits bruts. . . .		9,356,694 58		
A déduire				
Prix de ferme.	6,055,100 »			
Frais alloués. .	1,500,000 »	7,580,100 »	1,776,594 58	
Intérêts. . . .	25,000 »			

1829.

Produits bruts.		8,946,819 50		
A déduire :				
Prix de ferme.	6,055,100 »			
Frais alloués. .	1,500,000 »	7,580,100 »	1,366,719 50	
Intérêts. . . .	25,000 »			

1830.

Produits bruts.		8,040,161 08		
A déduire :				
Prix de Ferme.	6,055,100 »			
Frais alloués .	1,500,000 »	7,580,100 »	460,061 10	
Intérêts. . . .	25,000 »			

1831.

Produits bruts.		7,494,547 33		
A déduire :				
Prix de ferme.	6,055,100 »			
Frais alloués .	1,500,000 »	7,555,100 »		60,552 67
Intérêts p^r Mém.				

1832.

Produits bruts. . . .	6,857,906 60		
A déduire :			
Prix de ferme. 6,055,100 »			
Frais alloués. 1,500,000 »	.7,555,100 »		697,193 40
Intérêts pr Mém.			

1833.

Produits bruts. . . .	7,691,272 10		
A déduire :			
Prix de ferme. 6,055,100 »			
Frais alloués . 1,500,000 »	7,580,100 »	111,172 19	
Intérêts. . . 25,000 »			
		3,714,547 37	—757,746 07

Il résulte du tableau qui précède que les bénéfices partageables entre la Ville et le fermier s'élèvent, dans les années 1828 1829, 1830 et 1833, à. . . . . 3,714,547 fr. 37 c.

Tandis que les pertes restées à la charge du fermier dans les années 1831 et 1832 montent à 757,746 fr. 07 c.

Il est reconnu à la ville de Paris pour les 3/4 des bénéfices obtenus dans les 4 années heureuses. . . . . 2,785,910 fr. 52 c.

Le 1/4 des bénéfices revenant au fermier s'élève donc à. . . . . 928.636 fr. 85 c.

Dont :

444,144 fr. 65 c. pour l'année 1828.
341,679 88 pour l'année 1829.
115,015 28 pour l'année 1830.
27,793 04 pour l'année 1833.

928,636 85 de laquelle somme il convient de déduire les pertes restées à la charge de l'entreprise :

60,552 fr. 67 c. en l'année 1831.
697,193 40 en l'année 1832.

Total. 757,746 07

170,890 fr. 78 c restent en bénéfices, non compris le boni qui est résulté pour l'entreprise sur les frais alloués par la Ville, c'est-à-dire 1,735,814 fr. 99 c. pour l'exercice desdites six années, plus 38,376 fr. 39 c., retenue consentie sur le prix de la ferme pour indemniser le fermier des jours d'interruption en juillet et août 1830, et quelques autres bonifications portant le chiffre des bénéfices à 1,951,558 fr. 21 c. Seulement il faut retrancher dudit actif les frais de première organisation, qui sont indépendants des frais relatifs à l'exploitation journalière de l'entreprise, et un supplément exigé par la Ville en 1833, s'élevant ensemble à 429,454 fr. 74 c. Ainsi se trouve réduit le total des bénéfices du fermage à 1,522,103 fr. 47 c.

Or M. Bénazet, avant de soumissionner, en 1827, a divisé l'entreprise en huit parts. A chacune de ces huit parts est afférent le huitième de ladite somme, pour tout produit pendant les six années, représentant à la fois les intérêts d'un fonds de roulement considérable et le profit.

Les maisons de jeu ont toutes été fermées pour les étrennes de l'année 1838. Jusque-là le Palais-Royal ne se ressentait pas défavorablement, au point de vue purement commercial, du bannissement de la prostitution dont il avait été la métropole avant la construction de la galerie d'Orléans. Mais la suppression des roulettes lui porta un coup plus sensible. Depuis lors, plusieurs boulevards rivalisent avec les galeries pour le luxe des magasins, et le centre commercial circonscrit par les galeries s'est agrandi, sans trop se déplacer. Seulement il est douteux que chaque arcade se loue maintenant 11,000 francs, tout comme en 1823. C'est encore au Palais-Royal que se donnent rendez-vous les provinciaux, les étrangers, et principalement sous la rotonde construite par Habert, reconstruite par Chabrol, vis-à-vis le passage du Perron. Mais il faudrait au moins quatre théâtres, faisant appel à des plaisirs permis, pour encadrer les galeries de ce brillant quadrilatère et lui rendre l'animation qu'il dut à toutes les licences. Au lieu de quatre théâtres, nous n'en voyons que deux.

La *Comédie-Française* perpétue de son mieux les plus hautes traditions de l'art, dans la salle où d'Orfeuille fit débuter Talma, où Mlle Mars fut longtemps jeune, et où Mlle Rachel, plus promptement enlevée, laisse un vide d'autant plus grand. Le *Théâtre du Palais-Royal* défraye la gaieté nationale, depuis le 6 juin 1831, dans la salle de la Montansier, convertie en café-chantant vers la fin du premier empire, et puis en spectacle gymnastique, où se montrèrent jusqu'à des chiens savants.

Sur cette scène, que de brillants succès ont été enlevés à la pointe du couplet par Mlle Déjazet! Cette éminente actrice avait alors pour domicile l'étage le plus élevé du no 20, ancien logement de Mlle Chéron, et souvent le Louis XV des *Beignets à la cour* y donnait à souper au plus favorisé de ses sujets, sans avoir pris le temps de changer de costume. Encore plus au naturel, Mlle Déjazet a joué sur la scène du Palais-Royal le rôle de Sophie Arnould. Entre la copie et le modèle quel air de famille frappant! Signalons un rapport de plus entre les deux actrices célèbres. Celle du XVIIIe siècle a eu ses fenêtres sur le même jardin que celle du XIXe, le jardin du Palais-Royal, et de chez elle a été tiré un feu d'artifice le jour de la naissance du prince qui a laissé son nom à la rue et à la galerie de Valois. Sophie Arnould demeurait rue Neuve-des-Petits-Champs.

Peu de temps après la révolution de Juillet, une jolie marchande de cravates brillait au pérystile Valois, n° 187, et parfoi la police intervenait dans les rassemblements que formait la curiosité à la porte de cette marchande. Elle avait nom Grammatica. S mère vend encore du savon et des pantoufles au même endroit.

Le *Café de Valois,* qui n'en était pas loin, fermait ses porte au public en 1841 : un restaurant vient de reprendre l'enseigne Le fameux restaurant Véry, où une belle demoiselle de comptoi devenait Mme Véry, n'est tombé en déconfiture que depuis un petit nombre d'années. D'autres établissements du même genre on traversé plus heureusement les âges ; à presque tous nous avons accordé une mention dans la présente notice, mais quelquefoi sous des dénominations qui ont changé. Dans ce dernier cas s'es trouvé le *Café Hollandais,* qui date du Consulat. Le restaurant d *Véfour jeune* est moins ancien d'une vingtaine d'années.

Vaugirard, imp. Aubry, rue de l'Eglise 6.

www.ingramcontent.com/pod-product-compliance
Ingram Content Group UK Ltd.
Pitfield, Milton Keynes, MK11 3LW, UK
UKHW021210230726
13926UKWH00001B/433